11 Novembre 86.
P

COLLECTION

DE

M. A. Fournier

NOVEMBRE 1886

EXEMPLAIRE DE H. STETTINER

CATALOGUE

DE LA

COLLECTION
De M. A. F.

COMPRENANT

Porcelaines anciennes de Sèvres, de Chantilly, de Saxe
de Wedgwood, de la Chine et du Japon
Dont une très belle Jardinière en vieux Sèvres

OBJETS D'ART

PENDULES, CARTELS, BRONZES, FLAMBEAUX
STATUETTES

TRÈS REMARQUABLE LIT DE L'ÉPOQUE LOUIS XVI
En fer et bronze ciselé et doré

MEUBLES DIVERS

Lustre de l'époque Louis XVI et Lustre Louis XV
orné de cristaux de roche

DONT LA VENTE AURA LIEU

HOTEL DROUOT, SALLE N° 1
Les Jeudi 11 et Vendredi 12 Novembre 1886

A DEUX HEURES ET DEMIE PRÉCISES

M. P. CHEVALLIER	M. E. GANDOUIN
COMMISSAIRE-PRISEUR	EXPERT
rue Grange-Batelière, 10	rue Le Peletier, 42

EXPOSITION PUBLIQUE
Le Mercredi 10 Novembre 1886, de 1 heure à 5 heures

PARIS — 1886

CONDITIONS DE LA VENTE

Elle sera faite au comptant.

Les Acquéreurs paieront CINQ POUR CENT en sus du prix d'adjudication.

L'Expert, chargé de la vente, se réserve la faculté de réunir ou diviser les lots.

Les Tares et Défauts seront annoncés à chaque mise en vente des Objets.

L'ordre numérique du Catalogue ne sera pas suivi.

DÉSIGNATION

PORCELAINES ANCIENNES DE SÈVRES

1050 — 1 — Jardinière, fond gros bleu de roi, orné sur chaque face d'une réserve chargée de bouquets peints au naturel encadrés d'or.

Pâte tendre, 1754. Très remarquable qualité.

860 — 2 — Assiette, le marli vert turquoise est chargé de trois réserves décorés d'oiseaux ; au centre, un bouquet.

Pâte tendre, belle qualité. Année 1752.

600 — 3 — Assiette décorée de zones et d'arabesques d'or chargées de fleurs ; au centre, décor chinois représentant une jeune femme donnant un fruit à un enfant.

Belle qualité, décor très rare. Lettre $^{U\;U.}_{D.}$, 1796.

4 — Deux Assiettes, marli à fond vert semé d'œils-de-perdrix à pois d'or; au centre, les oiseaux suivants peints au naturel :

L'Honoré, de Cayenne.
Pic houppé à tête rouge, de Cayenne.

Pâte tendre, belle qualité. Année 1791.

5 — Deux Assiettes, marli à fond bleu de roi marbré d'or chargé de trois réserves décorées, ainsi que le centre de bouquets.

Pâte tendre. Année 1761.

6 — Assiette, le marli gaufré imitant la vannerie ; au centre, paysage en camaïeu violet.

Pâte tendre, vieux Vincennes.

7 — Deux Assiettes, marli à tresses d'or et bleu laissant quatre réserves ornées, ainsi que le centre de bouquets.

Pâte tendre. Année 1758. Décorées par Dubois.

8 — Plateau ovale à bord contourné doré, décor dit à la feuille de choux en bleu relié par des guirlandes et bouquets de fleurs; au centre, trophée d'instruments de musique.

Belle qualité, pâte tendre. Année 1765. Décoré par Buteux père.

9 — Assiette, décorée sur le marli et au centre, de jetés de bouquets.

Pâte tendre. Année 1784.

SÈVRES. 5

10 — Assiette creuse, décorée sur le marli de reliefs peints bleus et de bouquets.
Pâte tendre. Année 1758.

11 — Petit Plateau ovale.
Pâte tendre. Année 1753.

12 — Plaque ovale, représentant la Lecture en famille, d'après Aubry.
Pâte tendre, très belle qualité.

13 — Statuette en biscuit; jeune Jardinier joignant les mains.

14 — Tasse et Soucoupe, décor de rubans torsés vert turquoise et de bouquets de fleurs.
Pâte tendre, année 1757, et fleur de lys.

15 — Tasse et Soucoupe, décor de rubans bleus de roi rehaussé d'or et de bouquets.
Pâte tendre, vieux Vincennes.

16 — Sucrier fond bleu semé d'œils-de-perdrix d'or, orné d'une réserve circulaire chargé d'une guirlande de fleurs.
Pâte tendre. Année 1787.

17 — Tasse et Soucoupe, décor analogue et de même qualité que le plateau n° 8.
Pâte tendre, 1765. Décoré par Buteux père.

18 — Tasse et Soucoupe, décor d'arbustes et d'oiseaux.
Pâte tendre. Année 1768.

19 — Tasse trembleuse et sa Soucoupe, décor analogue au numéro précédent. Année 1770.

20 — Tasse et Soucoupe, décor de zones rayées rose de caissons bleus et de rosaces.
Pâte tendre. Année 1766. Décors par Thévenet père.

PORCELAINES ANCIENNES DIVERSES

21 — **Chantilly.** Moutardier, décor bleu dit au barbeau.
Pâte tendre. Marque au cor de chasse et lettre P.

22 — **Chantilly.** Deux Assiettes à bords contournés, marli à relief imitant la vannerie, décor d'amours peints en camaïeu violet.
Pâte tendre. Marq. au cor de chasse.

23 — **Tournai.** Assiette à bord contourné, marli à parties alternées plates et à reliefs de vannerie, décorée au centre, d'un groupe d'amours tenant un cor de chasse peint en camaïeu au rouge d'or.

PORCELAINES ANCIENNES. 7

24 — **Mennecy.** Chinois assis, décor polychrome.
Pâte tendre, très belle qualité, marque D. V. en bleu.

25 — **Mennecy**, Chat couché, décor polychrome formant bonbonnière; le couvercle à décor chinois est fracturé.
Pâte tendre.

26 — **Berlin.** Socle rond à cannelures et trophées en relief; moulures dorées.

27 — **Chelsea.** Boîte triangulaire à forme contournée, fond vert à rehauts d'or, le couvercle à réserve orné d'arbustes et d'oiseaux en or gravé.
Très belle qualité. Marque ancre en or.

28 — **Chelsea.** Tasse trembleuse à couvercle et sa Soucoupe, fond jaune canari orné de réserves, décors polychromes oiseaux et insectes.
Très belle qualité.

29 — **Saxe.** Deux petits Pots à crême, décorés sur la panse d'insectes le couvercle orné de colimaçons en relief.

30 — **Saxe.** Sucrier, fond jaune, décoré de réserves ornées de fleurs au naturel.

PORCELAINES ANCIENNES.

31 — **Saxe**. Tasse et Soucoupe forme ronde, décor polychrome écailles roses et amours.

32. — **Saxe**. Quatre Tasses et Soucoupes, forme ronde; décor polychrome analogue au numéro précédent et animaux peints au naturel.

33 — **Saxe**. Trois Plats, décor polychrome dit au dragon, style chinois.
Belle qualité.

34 — **Saxe**. Quatre Assiettes creuses, même décor.

35 — **Saxe**. Cinq Assiettes plates, même décor.

36 — **Saxe**. Trois Plats, décor polychrome dit au Tigre, style chinois.
Belle qualité.

36 bis — **Saxe**. Ecuelle et son Plateau, même décor et qualité.

37 — **Saxe**. Vingt-cinq Assiettes, même décor et qualité.

38 — **Saxe**. Dix-neuf Assiettes, décor polychrome, fleurs et papillon.

39 — **Saxe**. Assiette à bords contournés dorés, à fleurs en reliefs dans la pâte, et décor polychrome de bouquets.

40 — **Saxe.** Assiette, bord contourné, marli à relief de vannerie, décor polychrome fleurs et papillons.
Belle qualité.

41 — **Wedgwood.** Deux Vases fond bleu cendré, à reliefs de biscuit, personnages et anses verticales supportées par des masques de Lions; l'un d'eux fracturé.
Belle qualité.

42 — **Wedgwood.** Sucrier, de même décor et qualité.

43 — **Wedgwood.** Deux petites Plaques ovales, fond bleu à reliefs en biscuit, représentant le Serment et le Baiser.
Très belle qualité.

44 — **Wedgwood.** Plaque ovale, représentant Hébé.

45 — **Venise.** Tasse et Soucoupe, décor polychome.

46 — **Paris.** Bonbonnière ovale, décor polychrome oiseaux, fleurs et rubans, monture en bronze doré. Manque le dessus du couvercle.

47-48 — Sous ces numéros, diverses Pièces.

PORCELAINES ANCIENNES DU JAPON

49 — Deux beaux Cornets, décor polychrome rehaussé d'or.
Belle qualité.

50 — Grand Plat rond, décor polychrome rehaussé d'or, dit chysanthemo-paeonien.

51 — Autre Plat, plus petit que le précédent, beau décor polychrome rehaussé d'or.

52 — Deux Compotiers octogones, marli ajouré, riche décor polychrome rehaussé d'or.

53 — Plat rond, décor polychrome ; au centre, double armoirie rehaussé d'or.

54 — Deux grands Compotiers, analogues au numéro 52.

55 — Théière, décor polychrome rehaussé d'or, et deux Tasses avec Soucoupes.

56 — Trois Tasses, décor rouge et or, oiseaux.

VIEUX CHINE

57 — Grande et belle Jardinière ovale, décor polychrome fleurs et masques de singes en relief.

58 — Paire de Vases, décor polychrome, zones horizontales tachetées noir, rouge, vert et blanc.
Décor excessivement rare et qualité remarquable.

59 — Paire de Vases, forme gourde, fond céladon vert d'eau, décorés de lambrequins rouge et or.
Très belle qualité.

60 — Grand Bol, décor polychrome paysage avec pont, construction et personnages.
Très belle qualité.

61 — Paire de Vases ovoïdes, décorés polychrome; femme assise dans un parc.

62 — Petite Potiche, fond jaune, décorée en brun du Dragon sacré.

63 — Paire de Vases, forme aspersoir, décor fond rouge, laissant des réserves en forme de grenade, décorées de fleurs et insectes en polychrome.

VIEUX CHINE.

64 — Paire de Vases, forme bouteille, décor bleu, personnages philosophes.
Très belle qualité.

65 — Potiche ovoïde, décor d'arabesques réservées sur fond corail.

66 — Sucrier, décor polychrome sur fond noir.

67 — Paire de Bouteilles, décor polychrome fleurs, grenades et oiseaux.

68 — Tonnelet, fond gris céladon craquelé, orné de deux zones de points en bleu.

69 — Petite Potiche, fond gris céladon craquelé, ornée de zones brunes.

70 — Petit Vase, forme balustre, couverte bleue flambée.

71 — Petit Vase carré, orné de kouas en relief couverte bleue turquoise.

72 — Petit Vase à long col et panse surbaissée, émail bleu turquoise.

73 — Petit Vase, à panse lobée supportée par trois pieds, émail bleu turquoise marbrée, anses en argent ciselé, style chinois.

74 — Théière, de forme ovale, à reliefs de bambous émail flambé violet à fleurs en relief, l'anse et le bec garnis en argent ciselé et doré.

VIEUX CHINE

75 — Cheval couché, peint jaune, crinière et queue décorées au manganèse, monté sur terrasse en bronze doré, placée sur socle émaillé bleu, avec fleurs et oiseaux gravés. *135 —*

76 — Paire de Groupes de deux personnages assis, émaillés bleu turquoise. *122 —*

77 — Petite Chimère couchée, émail bleu turquoise. *6*

78 — Petit Personnage couché, appuyé sur un fruit, émail violet. *10 —*

79 — Deux petits Écureuils couchés, émaillés noir et manganèse. *15 —*

79 bis — Personnage debout, coq, cheval couché et chien de Fo, émaux divers. *19 —*

80 — Vase hexagonal, orné de personnages en relief, monture ancienne en bronze doré. *26 —*

81 — Personnage assis, appuyé sur un panier, terrasse en bronze doré. *70 —*

82 — Vase de forme hexagonale irrégulière, émail bleu turquoise flambé, monture en argent ciselé. *129 —*

83 — Paire de petits Vases, fond jaune moutarde, décorés de fleurs gravées sous couverte manganèse et verte. *100 —*

VIEUX CHINE.

84 — Paire de Vases forme gourde, émail gros bleu, monture en bronze doré.
Belle qualité.

85 — Petite Jardinière octogone, céladon vert d'eau, ornée de fleurs en relief blanc, monture en bronze doré.

86 — Paire de Cornets fond corail, à réserves en forme de feuilles décorées polychrome fleurs et oiseaux, monture en argent ciselé style chinois.

87 — Paire de Cornets tronqués, fond rouge, à réserves ornées de modèles en polychrome, monture en bronze doré.

88 — Vase-Potiche, forme balustre, fond rose, orné d'arabesques polychromes, et deux réserves décorées de fleurs, monture en bronze doré.

89 — Paire de Cornets, famille rose, décor polychrome fleurs et oiseaux, montures en bronze doré.

90 — Très belle Jardinière famille verte, décor polychrome orné de quatre réserves décorées de modèles.
Très belle qualité, monture en bronze ciselé et doré.

VIEUX CHINE.

91 — Chimère couchée, portant sur son dos un petit éléphant.
Très belle qualité.

92 — Personnage couché, appuyé sur un fruit, décor polychrome, monture en bronze doré.
Très belle qualité.

93 — Petite Potiche famille verte, décor polychrome.

94 — Bonbonnière ronde, décor polychrome : Femme assise.

95 — Petit Cornet, forme bambou, émail bleu turquoise.

96 — Tasse, décor bleu vermicellé avec réserve ornée de personnages polychromes.

97 — Petit Vase à panse réticulée, décor polychrome fleurs.

98 — Vase ovoïde, émail vert sur biscuit, monture en bronze ciselé et doré de l'époque Louis XVI.

99 — Paire de grands Vases laqués noir, avec décor burgauté, paysages et personnages.
Très belle qualité rare.

100 — Petite Théière mignonnette et deux petits Vases, décors divers.

101 — Quatre petites Potiches, la panse et le couvercle ornés de fleurs en relief, décor polychrome.

102 — Coupe et Poudrière, décor polychrome.

103 — Tasse à double paroi, l'extérieure réticulée, famille verte, décor polychrome.

104 — Deux Socles, l'un rond polychrome, l'autre octogone bleu turquoise.

105 — Petit Vase fond bleu fouetté, décor d'oiseaux et chiens de Fo en or.

106 — Bol, décor bleu, personnages.

107 — Bol, décor polychrome.

108 — Tasse et Soucoupe, décor polychrome rose.

109 — Tasse et Soucoupe, fond rouge d'or, ornées de réserves décorées en bleu.

110 — Quatre Tasses et Soucoupes, décor polychrome.

111 — Tasse et Soucoupe, décor bleu et armoiries dorées avec écureuil.

112 — Tasse et Soucoupe, décor or quadrillé, à réserves ornées de coqs.

113 — Autre Tasse et Soucoupe avec éventails et coq.

114 — Deux autres Tasses et Soucoupes, décor polychrome, fleurs sur fond or.

115 — Deux Tasses et Soucoupes carrées, famille verte, décor polychrome, une réparée.

116 — Trois Tasses et Soucoupes, décors divers.

117 — Deux Tasses et Soucoupes, décors fond capucine.

118 — Deux Tasses et Soucoupes, décors rose fleur de lotus.

119 — Deux Tasses et Soucoupes, décors paysage et personnages.

120 — Deux Tasses et Soucoupes, décors bleu et or.

121 — Deux Tasses et Soucoupes, décors extérieurs céladon.

122 — Deux Tasses et Soucoupes, polychromes personnage et fruits.

123 — Deux Tasses et Soucoupes, polychromes oiseaux.

124 — Deux Tasses et Soucoupes, décors variés.

125 — Potiche pot à tabac, décor bleu, monture à serrure ancienne.

126 — Soupière ronde, décor bleu.

127 — Grand Plat rond, riche décor bleu.

128 — Grand Plat rond, décor bleu personnage sur une terrasse.

129 — Plat rond et Compotier, décor bleu, le marli orné de fleurs, fruits et insectes; au centre bosquet avec personnages.

130 — Deux autres plus petits, de même décor.

131 — Deux autres, décor à fleurs et arabesques en bleu.

132 — Plat rond, décor polychrome fleurs, famille verte.

133 — Plat rond à bord échancré, décor polychrome; au centre les armoiries de M. de Marigny.

134 — Deux autres plus petits, même décor et armoiries.

135 — Deux Assiettes, famille rose, décorées au centre de fleurs polychromes.

136 — Quatre Plats, décor bleu sur le marli fleurs; au centre perroquet.

137 — Compotier, forme octogonale, fond capucine, décor bleu; modèles.

138 — Plat rond, décor or; au centre, armoirie polychrome.

139 — Autre Plat, décoré d'un panier chargé de fleurs polychromes.

140 — Assiette creuse, décorée au centre d'une armoirie polychrome.

141 — Deux Assiettes, décorées polychrome sur le marli de poissons; au centre, quatre personnages.

142 — Plat rond, à bord relevé échancré, décoré d'un paysage en bleu et d'une pêche de longévité polychrome.

143 — Plat rond, fond capucine, ornements d'or.

144 — Trois Assiettes, décor de fleurs supra blanco gravé.

145 — Plat rond, décor polychrome rehaussé d'or, orné au centre de modèles.

146 — Deux Plats, dont un décoré supra blanco; au centre, paysage en camaieu rose.

147 — Deux Assiettes, décor bleu.

148 — Deux Assiettes, décorées polychrome du Fong Hoang, l'autre des douze divinités.

149 — Compotier, fond brun et Plat céladon fleuri.

150 — Deux Assiettes, famille verte, décorée de personnages et modèles.

151 — Assiette creuse, le marli décoré supra blanco, le centre de fleurs et oiseaux en polychrome.

152 — Assiette creuse, décor polychrome à personnages.
Très belle qualité.

153 — Assiette, décor polychrome, sur le marli quatre bouquets de fleurs; au centre, jeune femme allaitant un enfant dans un intérieur.
Échantillon dit : à la Nourrice.

154 — Deux Assiettes octogones, le marli à fond rouge d'or, est orné de huit bouquets sur des champs réservés, le décor représente une femme et des enfants dans un intérieur.

155 — Deux Compotiers, décor polychrome, au bosquet analogue au numéro 129.

156 — Grand Compotier, décor polychrome de jetés de bouquets; au centre, une rosace.

157 — Plat rond, le marli réticulé, décoré en bleu; au centre, bouquet de fleurs polychrome.

158 — Deux Compotiers à bords échancrés, décor de caissons alternés, fleurs et animaux; au centre, corbeille de fleurs.

159 — Deux Assiettes, décor polychrome fleurs; au centre, femme et sa suivante.
Belle qualité.

160 — Deux Compotiers, décor polychrome fleurs, roses au centre.

161 — Grand Plat, décor bleu, le marli orné de caissons alternés, arbustes et femmes; au centre, femme dans un kiosque.

162 — Plat, décor polychrome : Dragon céleste.

163 — Assiette, décorée sur le marli de crabes rouges; au centre, femme accompagnée d'une gazelle.

164 — Assiette décorée sur le marli de fleurs en bleu, et au centre, armoirie polychrome.

165 — Assiette décorée sur le marli de dessins rouges; au centre, enfant debout.

166 — Autre Assiette, décor polychrome famille verte; au centre, une rosace.

167 — Trois Assiettes, décorées sur le marli d'ornements or; au centre, une armoirie polychrome.

168 — Plat rond, famille verte, beau décor polychrome plein.

169 — Plat rond, famille rose, décoré sur le marli de lambrequins; au centre, groupe de fleurs.

170 — Quatre Assiettes, le marli décoré de piastres; au centre, belle armoirie polychrome.

171 — Compotier, décor polychrome; au centre, une rosace.

172 — Deux belles Assiettes octogones, le marli à fond d'or est orné de réserves décorées, ainsi que le centre de bouquets.

173 — Autre Assiette octogone, décor polychrome de griffons chimériques et fleurs imaginaires.

174 — Compotier, décor polychrome; au centre, un iris.

175 — Six Assiettes, décor polychrome, le marli à fond d'argent est orné de réserves décorées de fleurs en bleu; au centre, une femme jouant du Taki-Koto.
Très belle qualité, décor très rare.

176 — Compotier à bord relevé reticulé, décoré au centre de fleurs et oiseaux polychromes.

177 — Compotier, décor polychrome sur le marli de quadrilles bleus; au centre, groupe de modèles.

178 — Plat, décor polychrome, le marli décoré de lambrequins; au centre, paysage avec chevaux sauvages.

179 — Autre Plat, de la famille verte, décor plein, rouge et polychrome à zones variées.

180 — Deux Assiettes, famille verte, décorées de paysages; au centre, personnages.

181 — Quatre Assiettes, décor polychrome; au centre, un médaillon avec port de mer, dans le goût hollandais.

182 — Deux Assiettes à bords contournés, peints rouge; au centre, sujet de pastorale dans le goût de Lancret.

183 — Compotier octogone, décor polychrome à personnages.

184 — Assiette octogone, décorée sur le marli de bouquets; au centre, groupe de fleurs et oiseaux.

185 — Deux Assiettes, décor polychrome, le marli chargé de lambrequins; au centre, deux enfants nus placés en sens inverse.

186 — Très belle Assiette, décor polychrome, le marli chargé d'ornements et fleurs; au centre, belle armoirie surmontée d'une couronne comtale.

Très belle qualité.

187 — Très belle Assiette, décor polychrome, le marli à fond rose quadrillé laisse trois réserves chargées de fleurs; au centre, princesse montée sur un animal chimérique et deux suivantes.

Très belle qualité.

188 — Deux autres de belle qualité, décor polychrome analogue aux précédentes; au centre scène familiale.

189 — Deux Assiettes, décor polychrome, marli à fond noir chargé de fleurs; au centre, coq debout et fleurs.

190 — Deux autres, décor polychrome fleurs.

191 — Deux autres Assiettes, décor vermicellé bleu; au centre, rouleau déployé avec paysage.

192 — Deux compotiers à bords festonnés, décorés de huit caissons ornés d'enfants; au centre rosace rouge.

193 — Petit compotier à bord festonné, décor polychrome, le marli à caissons alternés; au centre, femme assise sur un rocher.

194 — Soucoupe gravée sous couverte, Dragon céleste en vert sur fond manganèse.
Pièce signée; époque de Ta-Ming.

195 — Autre Soucoupe, en bleu fouetté, décor or.

196 — Deux Soucoupes, décor polychrome de goût Persan.

197 — Quatre Assiettes, décor polychrome, le marli à fond d'or est orné de réserves représentant des paysages; au centre des scènes diverses.

198 — Assiette, décor polychrome arbuste et oiseau. (Corée.)

199 — Autre Assiette, le marli à fond rouge orné de personnages et oiseaux; au centre, femmes et oiseaux.

200 — Ravier en forme de feuille, décor polychrome (Japon).

201 — Deux Plateaux, décor bleu; au centre, kiosque et oiseaux.

202 — Deux autres, décor bleu; aucentre, iris et papillon.

203 — Sept Assiettes, décor bleu; au centre, paysage.

204 — Trois Plats et un Ravier, décor bleu de fleurs.

205 — Petit Bol fond rouge d'or, décoré de rouleaux représentant des paysages (fêlure).

206-207-208 — Sous ces numéros divers, Pièces non décrites.

FAIENCES ANCIENNES

209 — **Sceaux**. Jardinière, forme demi-lune, à trois caissons décorés de paysages et ports de mer ornés de figures, peints par Duvivier.

210 — **Angleterre**. Compotier, décoré par procédé d'impression inventé par Sadlet.

BRONZES, OBJETS D'ART ANCIENS

211 — Paire de bouteilles carrées en ancienne porcelaine du Japon, montées en bronze doré, époque Louis XVI.

OBJETS D'ART ANCIENS.

212 — Petit Cabinet; vieux laque noir et or, décoré de paysages, travail chinois.

213 — Plateau rectangulaire en vieux laque aventuriné de la Chine, monture en bronze doré de l'époque Louis XVI.

214 — **Crébillon.** Buste en terre de Lorraine.

215 — Paire de Vases en marbre vert Campan, montés en bronze ciselé et doré. Travail de l'époque Louis XVI.

216 — Paire de petits Vases en marbre cypolin, montés en bronze ciselé et doré. Travail de l'époque Louis XVI.

217 — Paire de Vases en bronze argenté et bleui, montés en bronze ciselé et doré. Epoque Louis XVI.

218 — Encrier en vieux laque de Chine à rehauts d'or, paysages et pampres, monture en bronze ciselé et doré, époque Louis XV.

219 — **Jade.** Groupe de deux Pélicans dont le plus gros porte un vase dont le couvercle simule un vase plus petit.

220 — Vase en ancien émail cloisonné de la Chine, orné de masques de chiens de Fo, le couvercle surmonté d'une chimère assise.

221 — Paire de Flambeaux en bronze ciselé et doré, montés sur marbre griotte : Enfants portant à bras des lumières au-dessus de leur tête, époque Louis XVI.

222 — Paire de Flambeaux en bronze, marbre et serpentin d'Égypte, figure de femme courbée supportant sur son dos le binet, époque Louis XVI.

223 — Deux Statuettes en bronze : Enfants jouant de la flûte et du triangle, sur socles en marbre du Languedoc, ornés de moulures et guirlandes en bronze ciselé et doré.

224 — Paire de Candélabres à deux lumières : Figures d'enfants portant des cornes, montés sur socles en marbre statuaire, ép. Louis XVI.

225 — Enfant assis jouant de la double flûte, d'après Pigalle. Bronze patine verte.

226 — Paire de Coupes trépieds, supportées par des figures de satyres à une jambe. Bronze patine florentine.

227 — Paire de Chevaux broutant, bronze patine verte, montés sur des socles en bronze doré, époque Louis XVI.

228 — Le Porteur d'huîtres. Statuette en bronze doré portant un mouvement de pendule, époque du Ier Empire.

229 — **L'Innocence.** Statuette en bronze, patine verte.

<small>Elle est représentée debout tenant une colombe, bronze d'après Marin, travail du temps, socle en stuc orné d'une gorge en bronze doré.</small>

230 — Paire de petits Bras en bronze ciselé et doré, à deux lumières, époque Louis XVI.

231 — Paire de Bras, à deux lumières, en bronze ciselé et doré, modèle au caducée de Mercure, époque Louis XVI.

232 — Paire de Flambeaux en bronze ciselé et doré, modèle à balustre cannelé, époque Louis XVI.

233 — Autre paire de Flambeaux en bronze ciselé argenté, modèle à balustre cannelé, moulures différentes.

234 — Paire de Flambeaux en bronze, époque Louis XVI.

235 — Autre paire de Flambeaux de même époque, à fuseaux unis.

236 — Beau Cartel de l'époque Louis XV, en bronze ciselé et doré, modèle rocaille, mouvement signé Lefaucheur à Paris. Haut. 0^{m}82.

237 — Cartel de l'époque Louis XV, style rocaille, orné au sommet d'une figure de femme, et, à la base, de deux figures d'amours ; bronze ciselé et doré. Mouvement signé Cronier à Paris. Haut. 0ᵐ45.

238 — Cartel de l'époque Louis XVI, fort joli modèle formant portique, supporté par un culot orné de guirlandes de lauriers et surmonté d'un vase orné de même. Mouvement de Lepaute, horloger du roi, effacé. Haut. 0ᵐ63.

239 — Cartel Louis XV en bronze ciselé et doré. Mouvement signé Balthasar, à Paris. Haut. 0ᵐ37.

240 — Pendule de l'époque Louis XVI, marbre et bronze doré, sujet représentant la Fidélité, exécution très finie. Mouvement signé Bruel, à Paris.

241 — Lit de l'époque Louis XVI.
Ce remarquable Lit est exécuté en fer et bronze. Les extrémités cintrées extérieurement sont ornées de rosaces et du chiffre AP. en bronze doré; les montants en bronze doré cannelés et les volutes supérieures sont ornées d'asperges et de rosaces, d'une exécution remarquable.

242 — Lustre à six lumières ; époque Louis XVI.
Ce joli Lustre est formé d'un vase ovoïde en bronze argenté bleu, entouré d'une ceinture à laquelle sont fixées six branches portant les lumières, ciselées et dorées; il est suspendu à une couronne également ciselée et dorée.

OBJETS D'ART ANCIENS. 31

243 — Vase tonnelet en ancienne porcelaine de la Chine, émaux sur biscuit au grand feu (province de Kis-hu), monté en bronze doré.

244 — Lustre de l'époque Louis XV en bronze doré, orné de cristaux de roche.

245 — Plaque en bronze, représentant l'Enlèvement d'Amphitrite.

246 — Quatre Plaques en bronze, époque Louis XVI, représentant les Saisons, d'après François Duquesnoy, dit le Flamand.

247 — Plaque ronde en bronze, d'après Nini, représentant Gustave III, roi de Suède.

248 — Vasque en brèche d'Afrique, ornée de godrons et supportée par une monture en bronze à têtes de boucs. Travail du temps de Louis XVI.

249 — Chinoise et Chinois assis. Deux statuettes en terre cuite peinte. Travail du temps de Louis XV, d'après Pillement. Haut. 1^{m}25.

250 — Deux Consoles en acajou, à extrémités arrondies, pieds de biche et pieds cannelés, époque Louis XV.

251 — Console-Applique, époque Louis XV, en bois sculpté, ornée de têtes d'amours.

OBJETS D'ART ANCIENS.

252 — Bureau à cylindre, de l'époque Louis XVI, en acajou, à pieds cannelés.

253 — Petit Guéridon rond à galerie, époque Louis XVI, en acajou, à pieds cannelés.

254 — Tabouret de pieds, époque Louis XV, en bois sculpté, orné de fleurettes.

255 — Commode demi-lune en acajou, époque Louis XVI.

256 — Trois Fauteuils de l'époque Louis XIII en bois tourné.

257 — Deux Bois de fauteuils, époque Louis XVI.

258 — Deux grands Cadres en bois sculpté, époque Louis XIV.

259 — **École française.** Jeune Fille brodant.

260 — Écran.

261 — Lot de Socles chinois en bois sculpté.

262 — Lot de Soucoupes, Tasses et Couvercles en porcelaine ancienne de la Chine et du Japon.

263 — Sous ce numéro, les Objets omis.

Ve RENOU et MAULDE, imprimeurs de la Cie des Commissaires-Priseurs,
rue de Rivoli, 144.   600—71448

BIBLIOTHEQUE NATIONALE DE FRANCE

****

CHATEAU DE SABLE 1996

RED. :

www.ingramcontent.com/pod-product-compliance
Lightning Source LLC
Chambersburg PA
CBHW061007050426
42453CB00009B/1297